Impressum
Verlag: BABADADA GmbH, Nedderfeld 112 , 22529 Hamburg
Geschäftsführer / Verlagsleitung: Harald Hof
Druck: Books on Demand GmbH, In de Tarpen 42, 22848 Norderstedt

Imprint
Publisher: BABADADA GmbH, Nedderfeld 112 , 22529 Hamburg, Germany
Managing Director / Publishing direction: Harald Hof
Print: Books on Demand GmbH, In de Tarpen 42, 22848 Norderstedt, Germany

škola
المدرسة

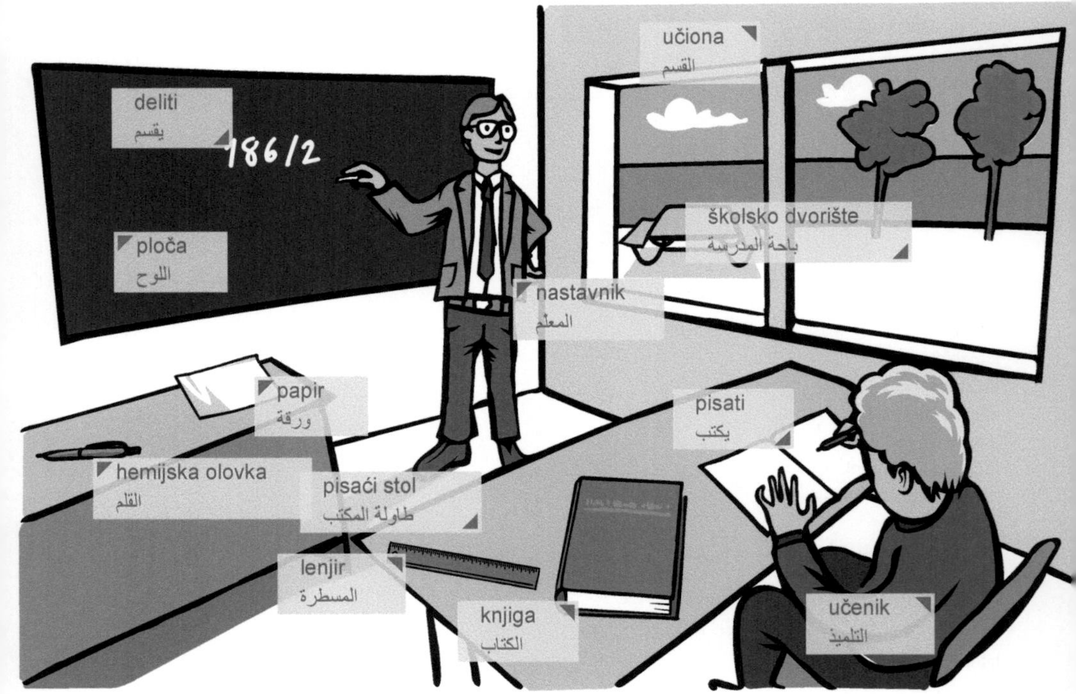
učiona
القسم
deliti
يقسم
186/2
ploča
اللوح
školsko dvorište
باحة المدرسة
nastavnik
المعلّم
papir
ورقة
pisati
يكتب
hemijska olovka
القلم
pisaći stol
طاولة المكتب
lenjir
المسطرة
knjiga
الكتاب
učenik
التلميذ

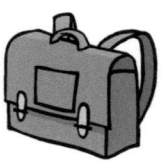

torba
الحقيبة المدرسية

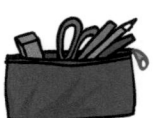

pernica
المقلمة

grafitna olovka
قلم الرصاص

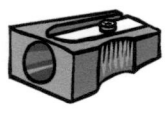

šiljilo za olovke
البرّاية

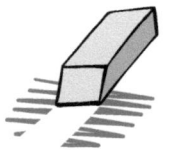

gumica za brisanje
المِمحاة

blok za crtanje
دفتر الرسم

crtež

الرسمة

kist

الفرشاة

kutija sa bojama

علبة التلوين

makaze

المقص

lepilo

المادة اللاصقة

beležnica

دفتر التمارين

domaći zadatak

الواجب المدرسي

broj

الرقم

sabirati

يجمع

oduzimati

يطرح

množiti

يضرب

računati

يحسب

slovo

الحرف

abeceda

الأبجدية

reč

كلمة

tekst

النص

čitati

يقرأ

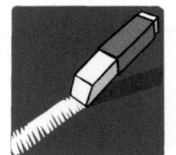

kreda

الطبشور

čas

الحصة

dnevnik

دفتر الدوام المدرسي

ispit

الامتحان

svedočanstvo

شهادة

školska uniforma

اللباس المدرسي

obrazovanje

التعليم

leksikon

الموسوعة

univerzitet

الجامعة

mikroskop

المجهر

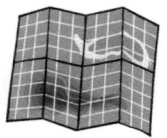

karta

الخريطة

košara za papir

قماما

putovanje
سفر

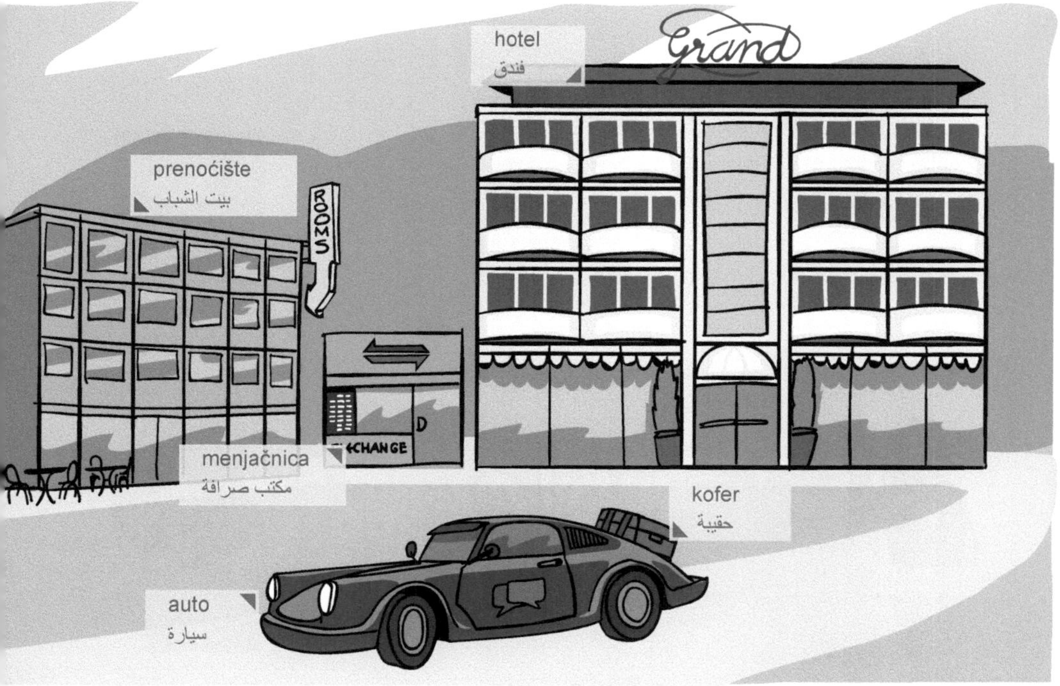
hotel
فندق
Grand
prenoćište
بيت الشباب
ROOMS
menjačnica
مكتب صرافة
kofer
حقيبة
auto
سيارة

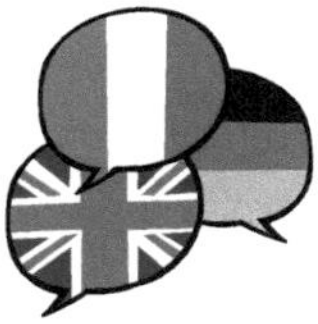

jezik
اللغة

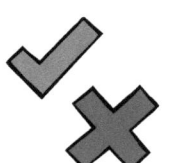

da / ne
نعم / لا

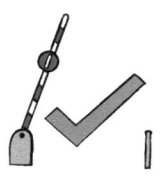

okej
حسناً

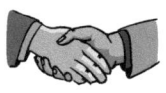

zdravo
مرحباً

prevodilac
مترجم

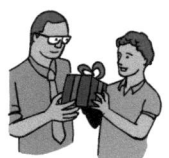

hvala
شكراً

Koliko košta...?

كم ثمن ... ؟

ne razumem

لا أفهم

problem

مشكلة

dobro veče!

مساء الخير

Dobro jutro!

صباح الخير!

Laku noć!

ليلة سعيدة

doviđenja

إلى اللقاء

smer

اتجاه

prtljaga

أمتعة السفر

torba

حقيبة

ruksak

حقيبة ظهر

gost

ضيف

soba

غرفة

vreća za spavanje

كيس للنوم

šator

خيمة

turističke informacije

استعلامات سياحية

plaža

شاطئ

kreditna kartica

بطاقة ائتمان

doručak

إفطار

ručak

طعام الغداء

večera

العشاء

karta za vožnju

بطاقة سفر

lift

مصعد

poštanska markica

طابع بريدي

granica

حدود

carina

الجمارك

ambasada

سفارة

viza

تأشيرة

pasoš

جواز سفر

transport
نقل

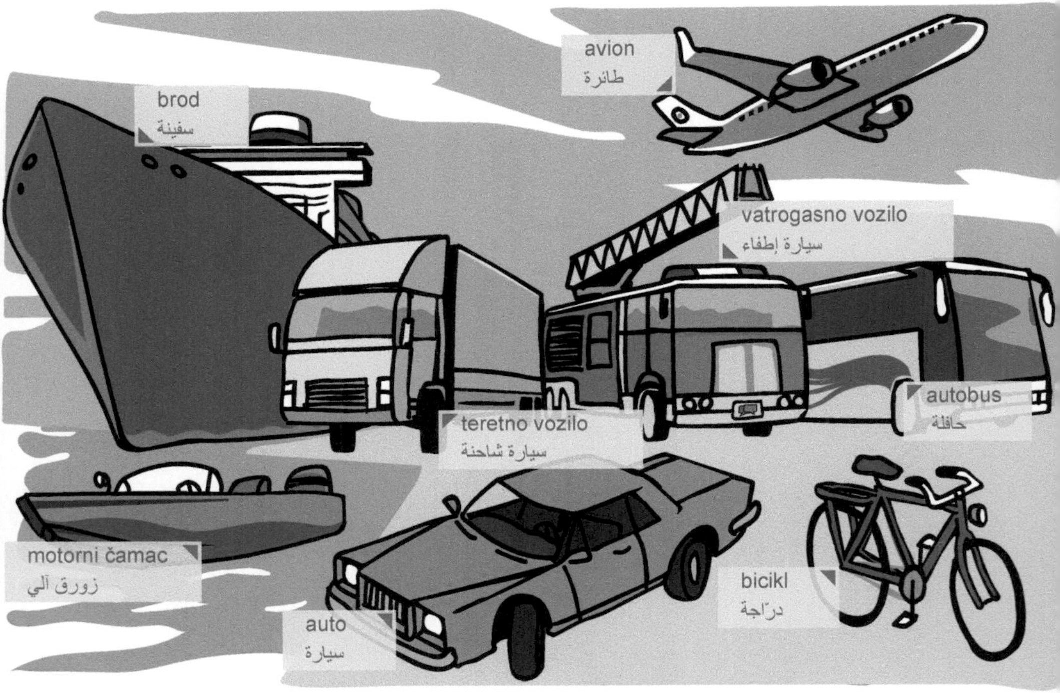
avion
طائرة
brod
سفينة
vatrogasno vozilo
سيارة إطفاء
autobus
حافلة
teretno vozilo
سيارة شاحنة
motorni čamac
زورق آلي
bicikl
درّاجة
auto
سيارة

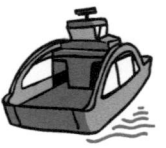

trajekt
عبارة

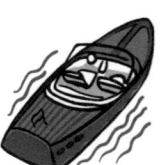

čamac
قارب

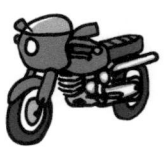

motocikl
دراجة نارية

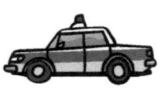

policijski auto
سيارة شرطة

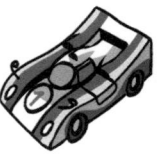

trkaći auto
سيارة سباق

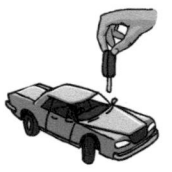

iznajmljeno auto
سيارة مستأجرة

delenje automobila

أسلوب تشاركي في استئجار السيارات

vučno vozilo

سيارة للجر

vozilo za odvoz smeća

سيارة نقل القمامة

motor

محرك

benzin

وقود

benzinska stanica

محطة وقود

saobraćajni znak

إشارة مرور

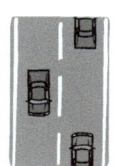

saobraćaj

حركة السير

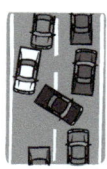

zastoj

ازدحام سير

parkiralište

موقف سيارات

železnička stanica

محطة قطار

šine

سكك حديدية

voz

قطار

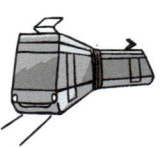

tramvaj

ترام

vagon

عربة قطار

helikopter

طائرة مروحية

aerodrom

مطار

kula

برج

putnik

مسافر

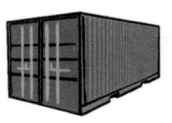

kontejner

حاوية

karton

علبة كرتون

kolica

عربة يد

korpa

سلة

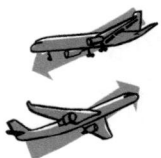

uzleteti / sleteti

يقلع / يهبط

grad

مدينة

selo

قرية

centar grada

مركز المدينة

kuća

بيت

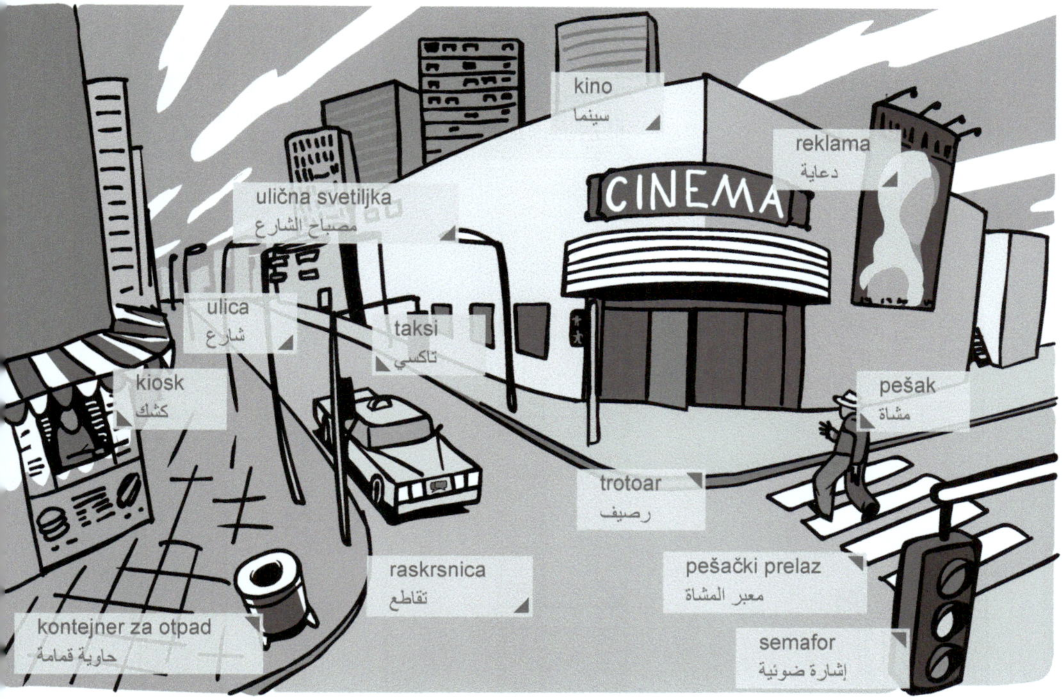

kino
سينما

reklama
دعاية

ulična svetiljka
مصباح الشارع

CINEMA

ulica
شارع

taksi
تاكسي

pešak
مشاة

kiosk
كشك

trotoar
رصيف

raskrsnica
تقاطع

pešački prelaz
معبر المشاة

kontejner za otpad
حاوية قمامة

semafor
إشارة ضوئية

koliba
كوخ

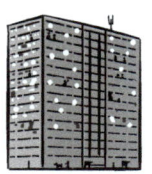

stan
شقة

železnička stanica
محطة قطار

većnica
دار البلدية

muzej
متحف

škola
المدرسة

univerzitet

الجامعة

banka

مصرف

bolnica

المستشفى

hotel

فندق

apoteka

صيدلية

kancelarija

مكتب

knjižara

مكتبة

prodavnica

متجر

cvećara

محل لبيع الزهور

supermarket

سوبرماركت

trg

سوق

robna kuća

متجر كبير

ribarnica

تاجر السمك

trgovački centar

مركز تسوّق

luka

ميناء

park

حديقة عامة

klupa

مقعد

most

جسر

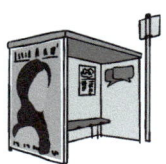

stepenice

درج، سلم

podzemna železnica

مترو

tunel

نفق

autobuska stanica

موقف حافلات

bar

بار

restoran

مطعم

poštansko sanduče

صندوق البريد

ulični znak

لافتة باسم الشارع

parkirni automat

مقياس زمن الوقوف

zoološki vrt

حديقة حيوانات

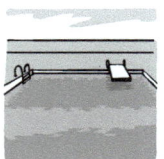

bazen

مسبح

džamija

مسجد

seosko gazdinstvo

مزرعة

zagađenje okoline

تلوث البيئة

groblje

مقبرة

crkva

كنيسة

igralište

ملعب الأطفال

hram

معبد

pejsaž

طبيعة ريفية

list
ورقة

putokaz
علامة إرشاد

put
طريق

livada
مرج

kamen
حجر

drvo
شجرة

šetač
رحالة

reka
نهر

trava
عشب

cvijet
زهرة

dolina

وادٍ

planina

جبل

jezero

بحيرة

šuma

غابة

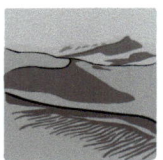

pustinja

صحراء

vulkan

بركان

dvorac

قلعة

duga

قوس قزح

gljiva

فِطر

palma

نخلة

moskito

بعوض

muva

ذبّانة

mrav

نملة

pčela

نحلة

pauk

عنكبوت

buba

خنفساء

žaba

ضفدعة

veverica

سنجاب

jež

قنفذ

zec

أرنب

sova

بومة

ptica

عصفور

labud

بجعة

divlja svinja

خنزير برّي

jelen

غزال

los

إلكة

nasip

سد

vetrenjača

دولاب الطاحونة الهوائية

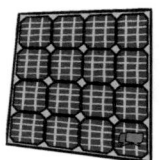

solarna ploča

خلية شمسية

klima

مناخ

restoran

مطعم

konobar
نادل
jelovnik
لائحة الطعام
stolica
كرسي
supa
حساء
pica
بيتزا
stolnjak
غطاء المائدة
pribor za jelo
أدوات المائدة

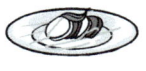

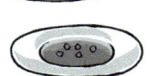

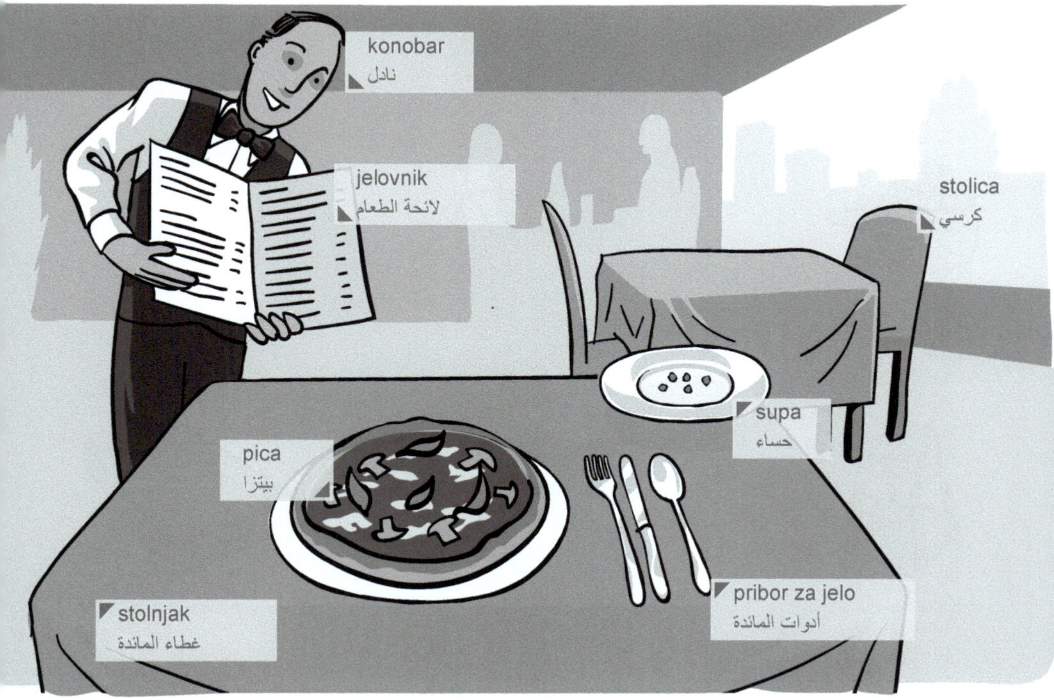

predjelo

مقبلات

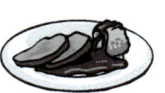

glavno jelo

الصحن الرئيسي

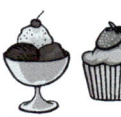

desert

حلوى أو فاكهة بعد الطعام

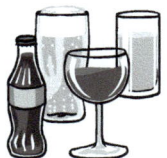

napitci

مشروبات

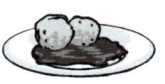

jelo

طعام

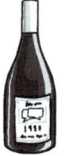

flaša

زجاجة

brza hrana

وجبات سريعة

imbis hrana

طعام الشارع

čajnik

إبريق الشاي

doza za šećer

علبة السكر

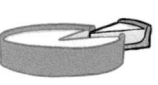

porcija

حصّة

aparat za espresso

آلة الإسبريسو

visoka stolica

كرسي عالٍ

račun

فاتورة

poslužavnik

صينية

nož

سكين

viljuška

شوكة

kašika

ملعقة

čajna kašika

ملعقة الشاي

salveta

منديل المائدة

čaša

كأس

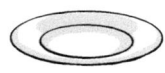

tanjir

صحن

tanjir za supu

صحن الحساء

tanjirić

صحن الفنجان

sos

صلصة

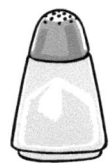

soljenka

مملحة

mlin za biber

مطحنة الفلفل

sirće

خلّ

ulje

زيت الطعام

začini

توابل

kečap

كتشاب

senf

خردل

majoneza

مايونيز

supermarket

سوبرماركت

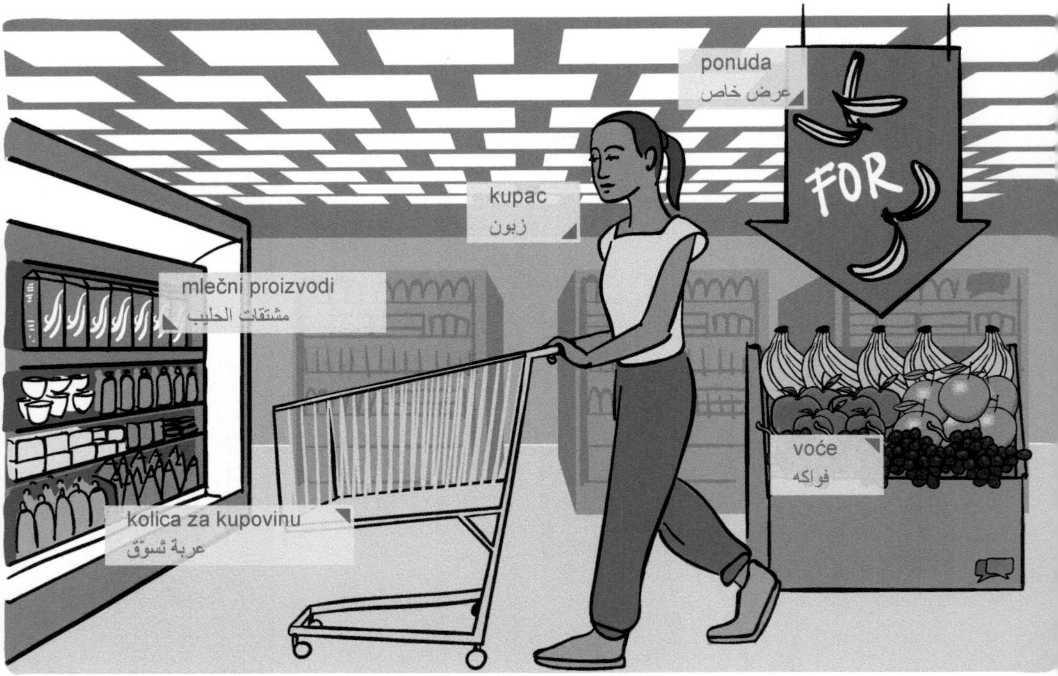
ponuda
عرض خاص
FOR
kupac
زبون
mlečni proizvodi
مشتقات الحليب
voće
فواكه
kolica za kupovinu
عربة تسوّق

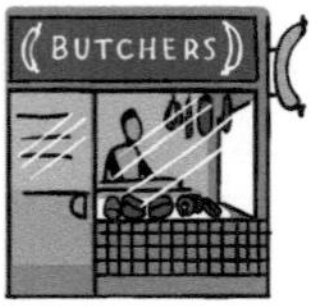
BUTCHERS

mesnica
جزّار

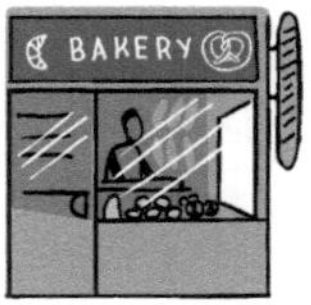
BAKERY

pekara
مخبز

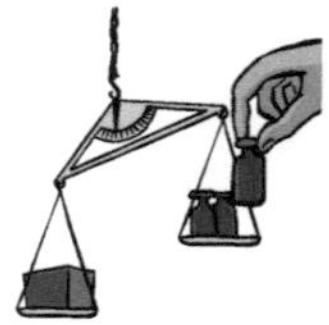

vagati
يزن

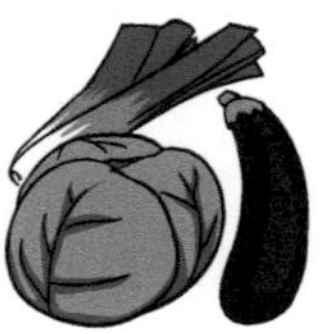

povrće
خضار

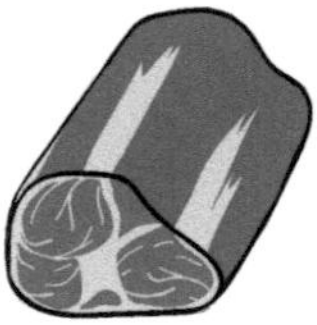

meso
لحم

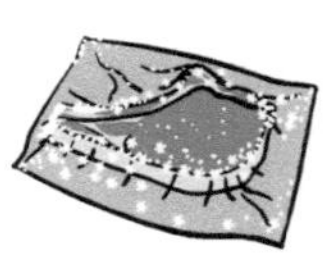

smrznuta hrana
المأكولات المجمّدة

narezak

مرتدلا أو جبن

konzerve

معلّبات

sredstvo za pranje

مسحوق الغسيل

slatkiši

حلويات

artikli za domaćinstvo

المواد المنزلية

sredstva za čišćenje

منظفات

prodavačica

بائعة

blagajna

صندوق الحساب

blagajnik

أمين صندوق

lista za kupovinu

قائمة المشتريات

vreme rada

أوقات العمل

novčanik

محفظة النقود

kreditna kartica

بطاقة ائتمان

torba

حقيبة

plastična kesa

كيس بلاستيكي

voda

ماء

sok

عصير

mleko

حليب

kola

كولا

vino

نبيذ

pivo

بيرة

alkohol

كحول

kakao

كاكاو

čaj

شاي

kava

قهوة

espresso

قهوة إسبريسو

cappuccino

كابوتشينو

banana

موزة

jabuka

تفاح

narandža

برتقال

lubenica

بطيخ

limun

ليمون

šargarepa

جزرة

beli luk

ثوم

bambus

خيزران

luk

بصل

gljiva

فطر

orašasti plodovi

لوزيات

rezanci

شعيرية

špagete

سباغيتي

riža

أرزّ

salata

سلطة

pomfrit

بطاطا مقلية

pečeni krumpir

بطاطا مقلية

pica

بيتزا

hamburger

هامبورغر

sendvič

ساندويش

šnicla

شريحة لحم مقلية

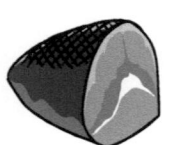

šunka

لحم خنزير

salama

سلامي

kobasica

سجق

kokoš

دجاج

pečenje

لحم محمر

riba

سمك

zobene pahuljice

دقيق الشوفان

musli

موسلي

kukuruzne pahuljice

كورن فلكس

brašno

طحين

kroasan

كرواسان

pecivo

خبز صغير

hleb

خبز

toast

خبز محمص

keksi

بسكويت

maslac

زبدة

sveži sir

لبن زبادي

kolač

كعكة

jaje

بيضة

jaje na oko

بيض مقلي

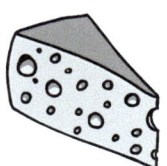

sir

جبنة

sladoled
....
مثلجات

šećer
....
سكر

med
....
عسل

marmelada
....
مربّى الفاكهة

nugat krema
....
كريم النوغا

kari
....
الكاري

seosko gazdinstvo

مزرعة

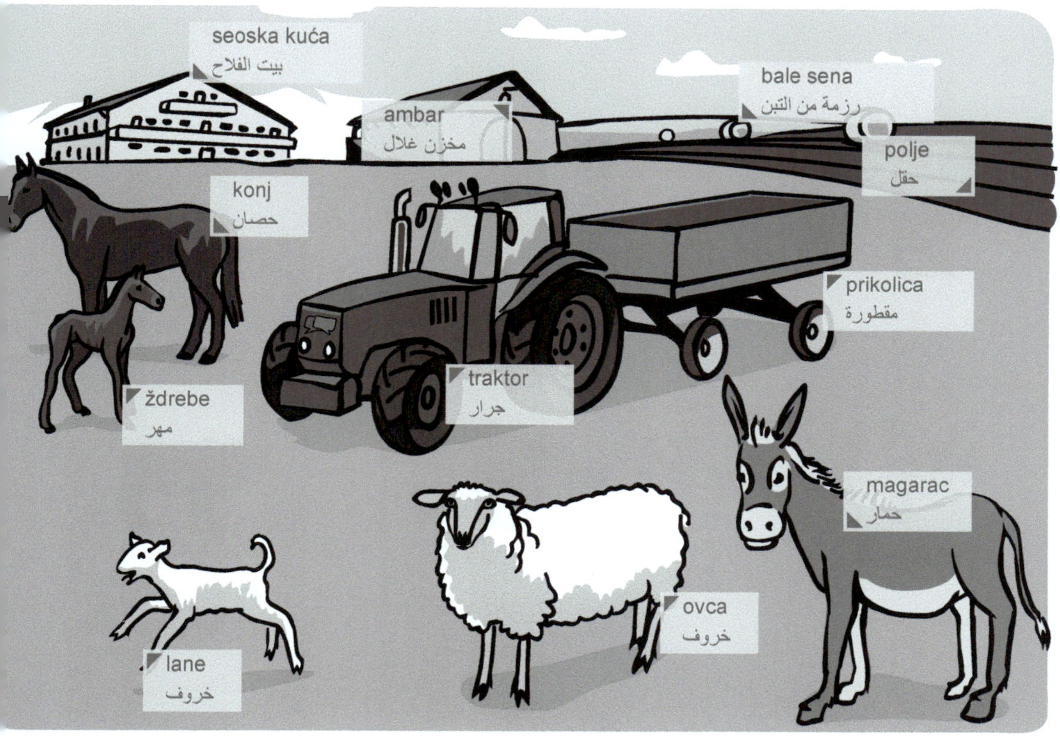

seoska kuća
بيت الفلاح
bale sena
رزمة من التبن
ambar
مخزن غلال
polje
حقل
konj
حصان
prikolica
مقطورة
traktor
جرار
ždrebe
مهر
magarac
حمار
ovca
خروف
lane
خروف

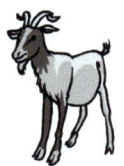

koza

ماعز

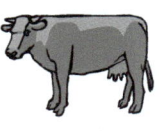

krava

بقرة

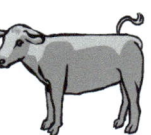

tele

عجل

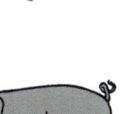

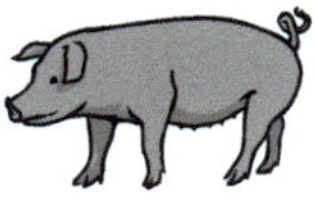

svinja

خنزير

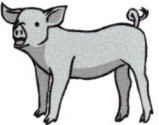

prase

خنزير صغير

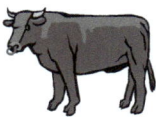

bik

ثور

guska

إوزّة

patka

بطة

pilići

صوص

kokoš

دجاجة

petao

ديك

pacov

جرذ

mačka

قطة

miš

فأر

vol

ثور

pas

كلب

kućica za psa

كوخ الكلب

vrtno crevo

خرطوم الحديقة

kanta za polivanje

إبريق

kosa

منجل

plug

المحراث

srp

منجل

motika

معزقة

viljuška za đubrivo

مذراة الزبل

sekira

بلطة

tačke

عربة يد

korito

معلف

posuda za mleko

صفيحة الحليب

vreća

كيس

ograda

سياج

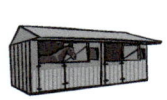

štala

اصطبل

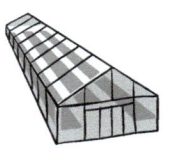

staklenik

دفينة

zemlja

تربة

seme

بذور

đubrivo

سماد

kombajn

حصّادة درّاسة

žeti

يحصد

žetva

محصول

jams začin

بطاطا يامس

pšenica

قمح

soja

صويا

krumpir

بطاطا

kukuruz

ذرة

uljana repica

سلجم

voćka

شجرة فاكهة

gomolj manioke

نبات منيهوت

žitarice

الحبوب

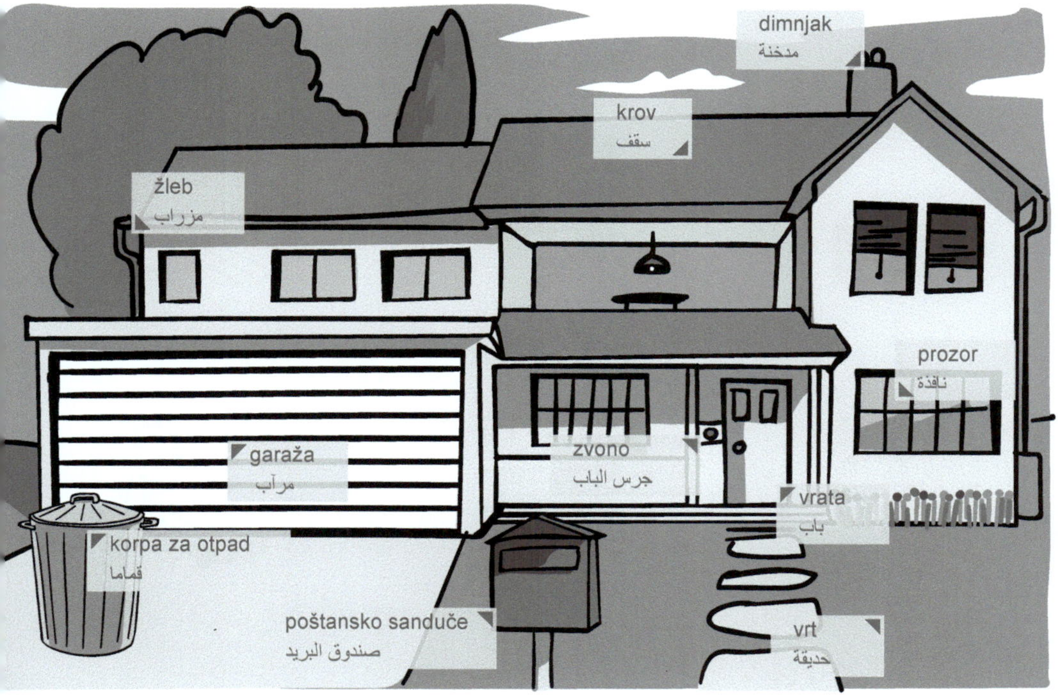

dimnjak
مدخنة

krov
سقف

žleb
مزراب

prozor
نافذة

garaža
مرآب

zvono
جرس الباب

vrata
باب

korpa za otpad
قمامة

poštansko sanduče
صندوق البريد

vrt
حديقة

dnevna soba

غرفة جلوس

kupaonica

الحمّام

kuhinja

مطبخ

spavaća soba

غرفة النوم

dečija soba

غرفة الأطفال

trpezarija

غرفة الطعام

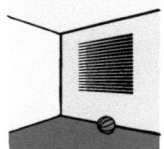

pod

أرضية

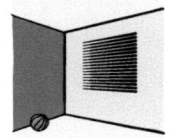

zid

حائط

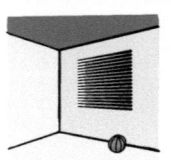

strop

سقف

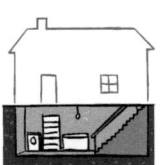

podrum

قبو

sauna

ساونا

balkon

بلكون

terasa

شرفة

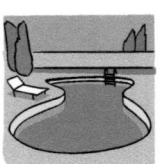

bazen

مسبح

kosilica za travu

جزّازة العشب

posteljina za krevet

بياضات السرير

deka za krevet

بطانية

krevet

سرير

metla

مكنسة

kanta

سطل

prekidač

مفتاح كهربائي

dnevna soba

غرفة جلوس

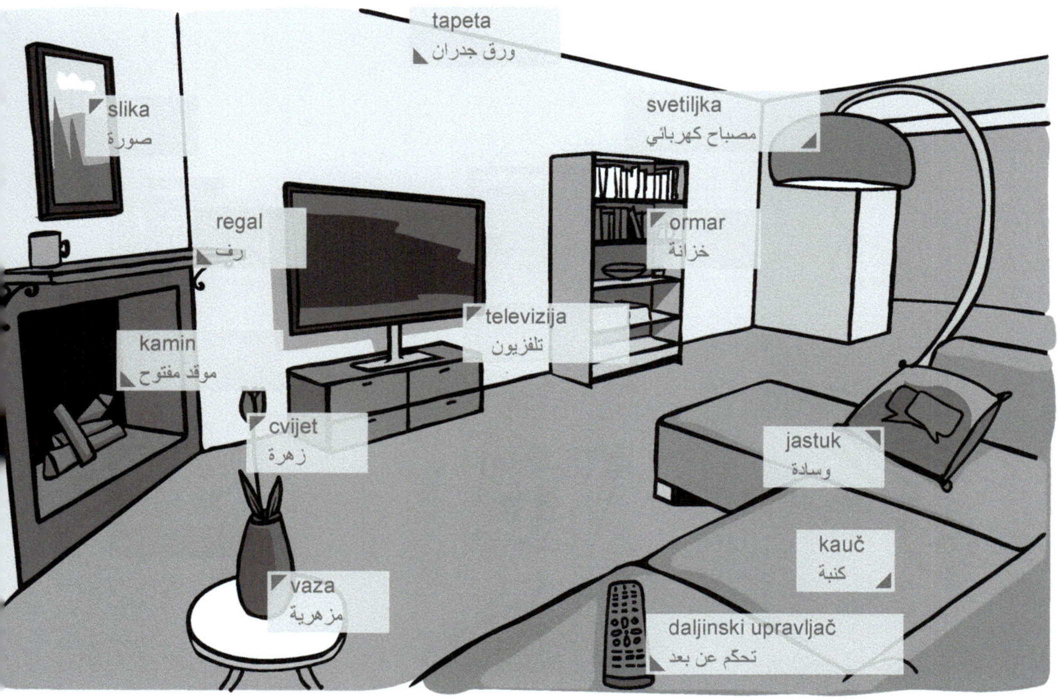
tapeta
ورق جدران
slika
صورة
svetiljka
مصباح كهربائي
regal
رف
ormar
خزانة
televizija
تلفزيون
kamin
موقد مفتوح
cvijet
زهرة
jastuk
وسادة
kauč
كنبة
vaza
مزهرية
daljinski upravljač
تحكم عن بعد

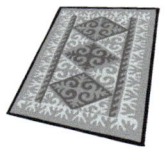

tepih
بصاط

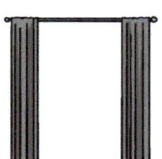

zavesa
ستارة

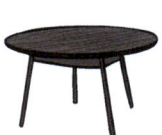

sto
طاولة

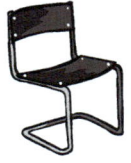

stolica
كرسي

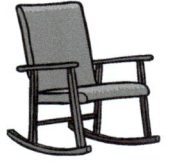

stolica za njihanje
كرسي هزّاز

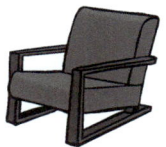

fotelja
كرسي ذو ذراعين

knjiga

الكتاب

deka

بطانية

dekoracija

زخرفة

drvo za ogrev

الحطب

film

فيلم

hi-fi uređaj

تجهيزات ستيريو

ključ

مفتاح

novine

جريدة

slika na platnu

لوحة مرسومة

poster

مُلصق

radio

راديو

blok za pisanje

دفتر ملاحظات

usisivač

المكنسة الكهربائية

kaktus

صبّار

sveća

شمعة

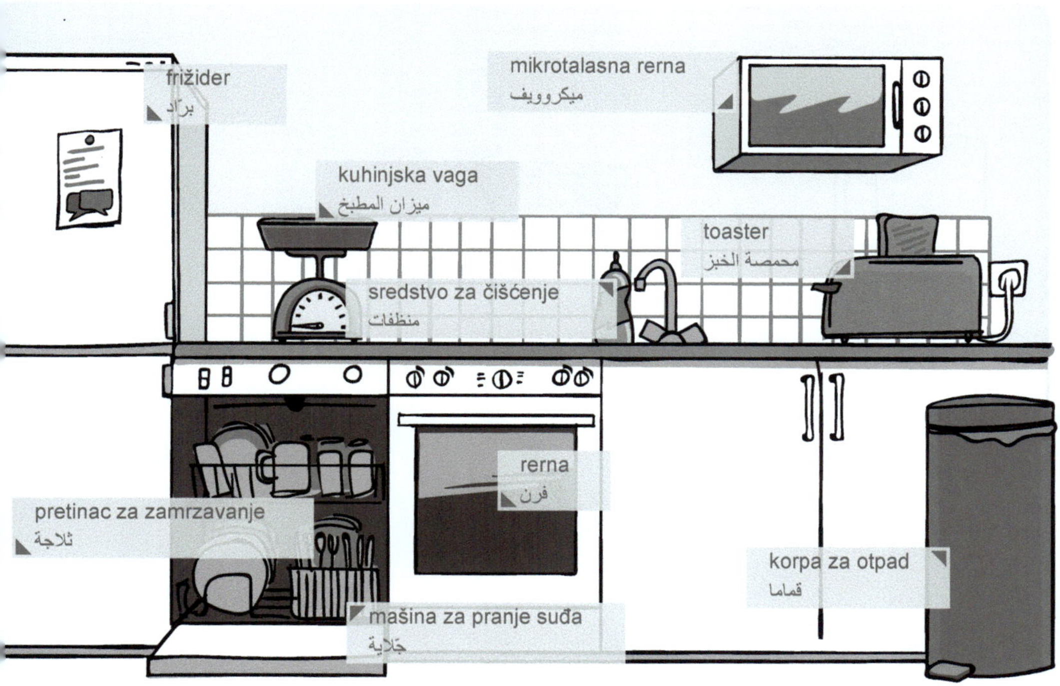

frižider
براد

mikrotalasna rerna
ميكروويف

kuhinjska vaga
ميزان المطبخ

toaster
محمصة الخبز

sredstvo za čišćenje
منظفات

rerna
فرن

pretinac za zamrzavanje
ثلاجة

korpa za otpad
قمامة

mašina za pranje suđa
جَلاية

šporet

موقّد

lonac

قِدر

gvozdeni lonac

وعاء من الحديد

wok / kadai

قدر صيني

tava

مقلاة

kuvalo za vodu

غلاية

kuvalo na paru

قدر البخار

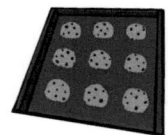

lim za pečenje

صينية

posuđe

أواني

čaša

فنجان

posuda

صحن

štapići za jelo

عيدان الأكل

kutlača

مغرفة

lopatica

ملعقة منبسطة

penjača

خفاقة

sito za kuvanje

مصفاة

sito

مصفاة

ribež

مِبشْرة

mužar

هاون

roštilj

شواء

ognjište

موقد

daska

لوح التقطيع

oklagija

نشّابة

vadičep

مفتاح الزجاجات

konzerva

علبة

otvarač konzervi

مفتاح العلب المعدنية

krpa za lonac

قماش الفرن

sudoper

مجلى

četka

فرشاة

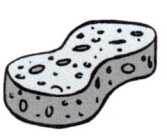

sunđer

إسفنج

mikser

خلاط

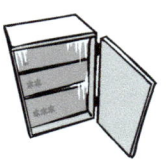

zamrzivač

مجمّدة

flašica za bebe

زجاجة الطفل

slavina za vodu

صنبور الماء

kupaonica

الحمّام

grejanje
تدفئة
peškir
منشفة
tuš
دوش
zavesa za tuš
ستارة الدوش
penušava kupka
حمام رغوة
kada
حوض الحمام
čaša
كأس
mašina za pranje veša
غسّالة
slavina za vodu
صنبور الماء
pločice
بلاط
tuta
قفازات مطاطية
sudoper
مجلى

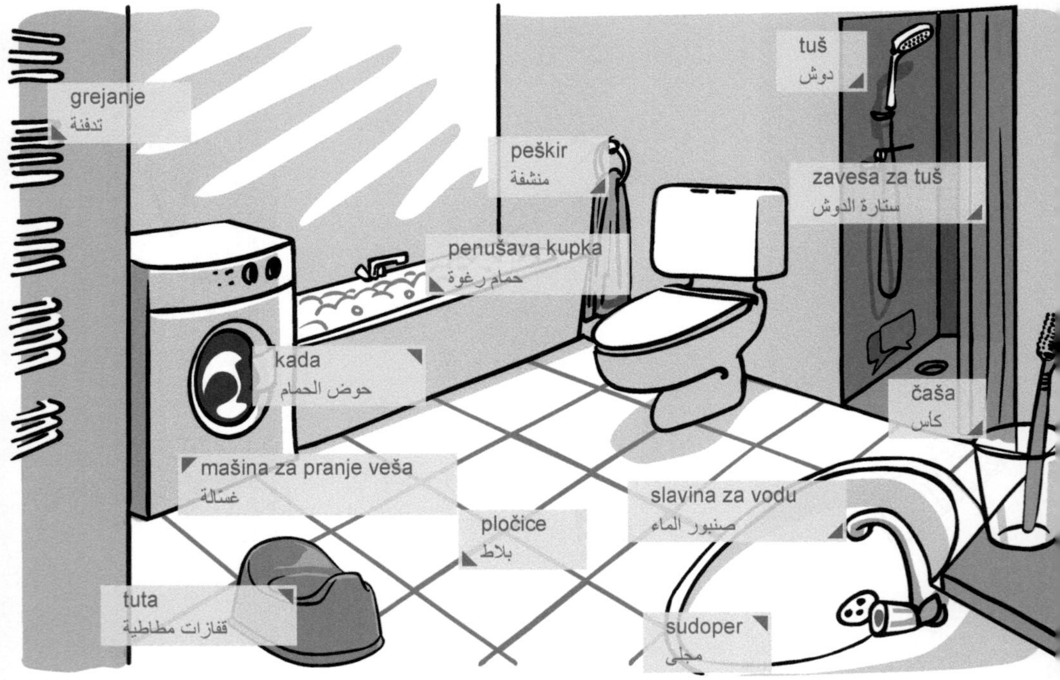

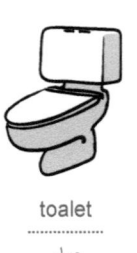

toalet

حمام

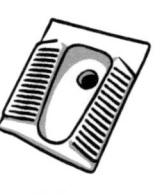

čučavac

مرحاض القرفصاء

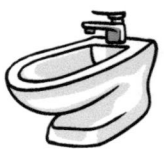

bidet

حوض التشطيف

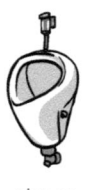

pisoar

مبولة

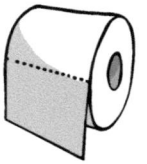

toaletni papir

ورق المرحاض

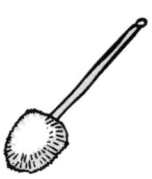

četka za toalet

فرشاة الحمام

četkica za zube

فرشاة الأسنان

pasta za zube

معجون الأسنان

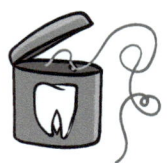

konac za zube

خيط حرير لتنظيف الأسنان

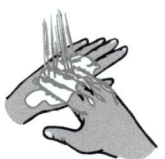

prati

يغسل

tuš ručica

رشاش ماء يدوي

tuš za pranje intimnih delova

شطاف

lavor

حوض الغسيل

četka za pranje leđa

فرشاة الظهر

sapun

صابون

gel za tuširanje

جيل الدوش

šampon

شامبو

krpa za pranje

ممسحة

odvod

مصرف للماء

krema

مرهم

dezodorans

مزيل الروائح

ogledalo

مرآة

kozmetičko ogledalo

مرآة يد

brijač

موس حلاقة

pena za brijanje

رغوة الحلاقة

losion za posle brijanja

كولونيا

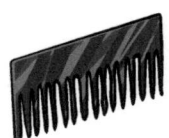

češalj

مشط

četka

فرشاة

fen za kosu

سشوار

sprej za kosu

مثبت للشعر

makeup

ماكياج

ruž za usne

روج

lak za nokte

طلاء أظافر

vata

قطن

makaze za nokte

مقص أظافر

parfem

عطر

kozmetička torbica

سلّة الغسيل

stolica

مقعد صغير

vaga

ميزان

ogrtač

معطف الحمام

rukavice za čišćenje

قفازات مطاطية

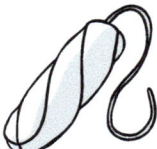

tampon

سدادة قطنية

uložak

منشفة صحية

hemijski toalet

تواليت كيميائية

dečija soba
غرفة الأطفال

budilnik
منبّه
plišana igračka
الحيوانات المحنطة
auto igračka
سيارة لعبة
zvečka
خشخشة
kućica za lutke
بيت الدمى
poklon
هدية

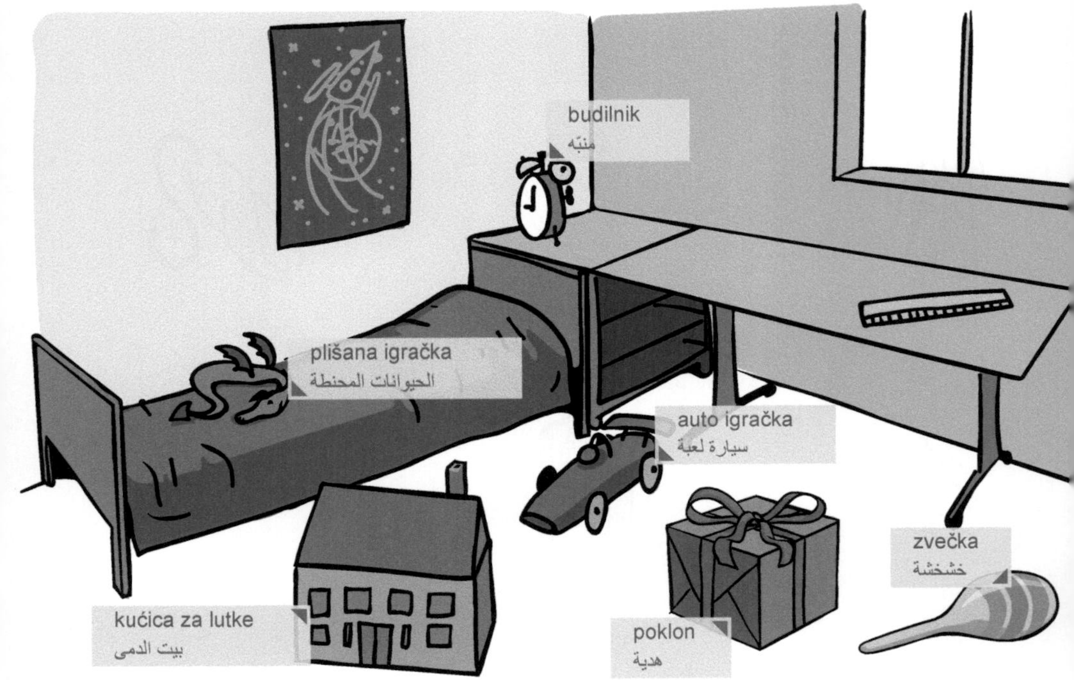

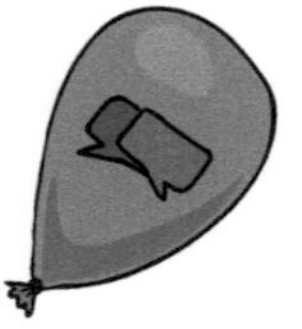

balon
بالون

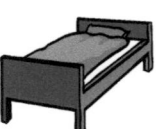

krevet
سرير

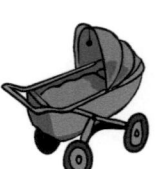

dječija kolica
عربة الأطفال

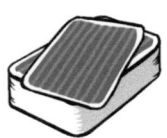

igra s kartama
لعبة الورق

slagalica
أحجية

SUPER
MEGA

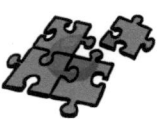

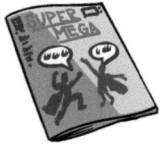

strip
رسوم هزلية

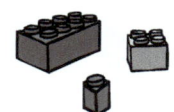

lego kockice

أحجار الليغو

kockice za slaganje

حجارة تركيب

akcioni junak

دمية بطل

benkica za bebe

لباس الطفل

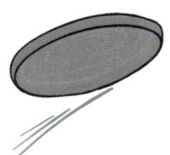

frizbi

فريسبي

viseće igračke

دمية معلقة

društvene igre

لعبة الطاولة

kocka

لعبة النرد

minijaturna željeznica

لعبة قطار

duda

مصّاصة

zabava

حفلة

slikovnica

كتاب مصوّر

lopta

كرة

lutka

دمية

igrati

يلعب

pješčanik

ملعب رملي للأطفال

ljuljačka

أرجوحة

igračka

لعبة

konzola za igre

ألعاب فيديو

tricikl

دراجة ثلاثية

tedi

دمية على شكل الدب

ormar

خزانة الثياب

odeća

ثياب

kratke čarape

جوارب قصيرة

čarape

جوارب طويلة

hulahopke

جورب بنطلون

šal
شال

kišobran
شمسية

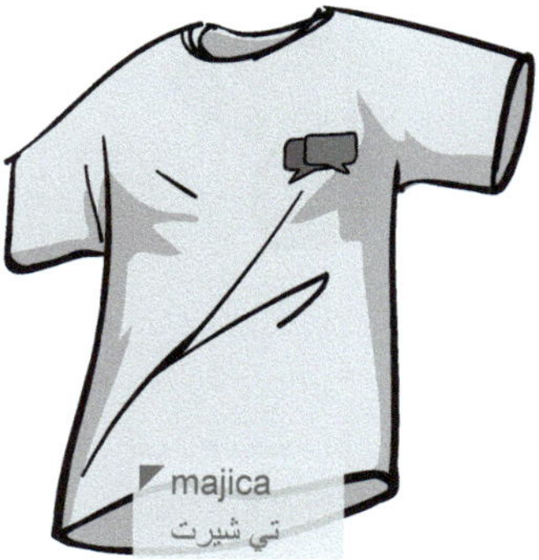

majica
تي شيرت

kaiš
حزام

čizme
حذاء شتوي

papuče
شبشب

patike
أحذية رياضية

sandale

صندل

cipele

حذاء

gumene čizme

جزمة كاوتشوك

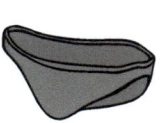

gaćice

سروال داخلي

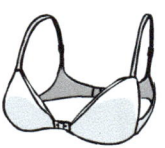

grudnjak

صدّارة

potkošulja

قميص داخلي

bodi

لباس ملاصق للجسم

pantalone

بنطلون

farmerke

جينز

suknja

تنورة

bluza

بلوزة

košulja

قميص

džemper

سترة قطنية

džemper s kapuljačom

كنزة كم طويل

sako

سترة فضفاضة

jakna

سترة

kaput

معطف

kabanica

معطف مطري

kostim

زي - طقم نسائي

haljina

ثوب

venčanica

ثوب الزفاف

odeća - ثياب

odelo

طقم

spavaćica

قميص نوم

pidžama

بيجاما

sari

ساري

marama za glavu

حجاب

turban

عمامة

burka

برقع

kaftan

قفطان

abaja

عباءة

kupaći kostim

مايوه

kupaće gaćice

سروال سباحة

kratke pantalone

شرت

odeća za trening

بدلة رياضية

kecelja

مِئزر

rukavice

قفازات

dugme

زر

naočare

نظّارة

narukvica

إسوارة

ogrlica

عقد

prsten

خاتم

naušnica

قرط

kapa

طاقيّة

vešalica

علاقة ثياب

šešir

قبّعة

kravata

ربطة العنق

patent zatvarač

سحّاب

kaciga

خوذة

naramenice

حمّالة البنطلون

školska uniforma

اللباس المدرسي

uniforma

زي موحّد

podbradak

مريلة الأطفال

duda

مصّاصة

pelena

لفافة

kancelarija

مكتب

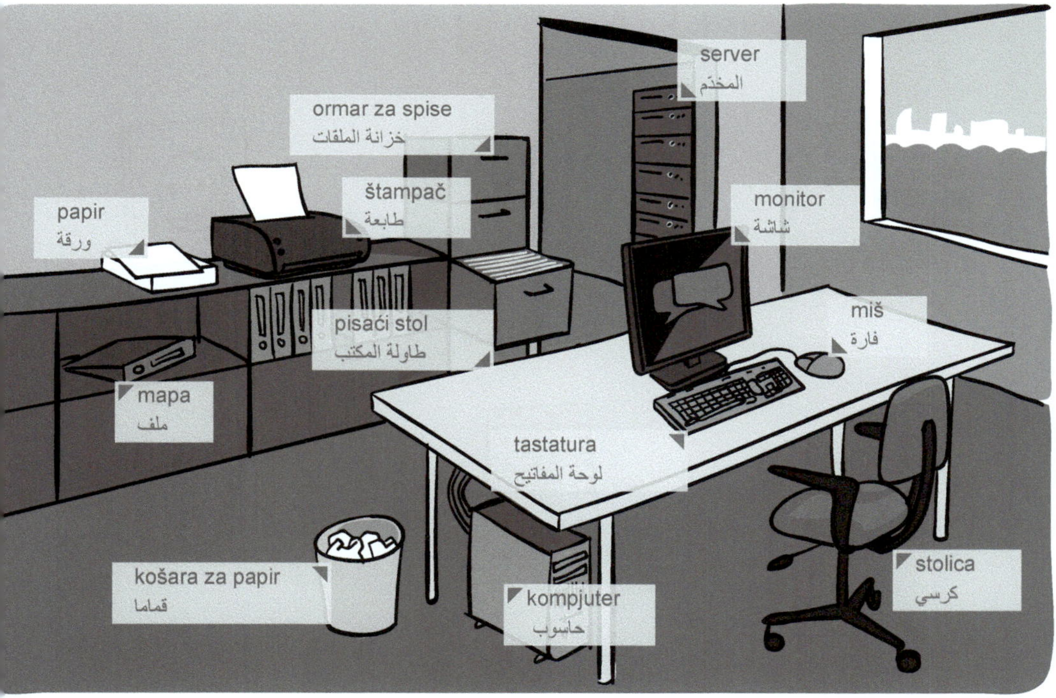

server

المخدّم

ormar za spise

خزانة الملفات

štampač

طابعة

monitor

شاشة

papir

ورقة

pisaći stol

طاولة المكتب

miš

فارة

mapa

ملف

tastatura

لوحة المفاتيح

stolica

كرسي

košara za papir

قماما

kompjuter

حاسوب

šalica za kavu

كأس من القهوة

kalkulator

الآلة الحاسبة

internet

الإنترنت

laptop

الحاسوب المحمول

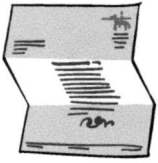

pismo

رسالة

poruka

خبر

mobilni telefon

الهاتف المحمول

mreža

شبكة

uređaj za kopiranje

جهاز تصوير

softver

البرمجيات

telefon

هاتف

utičnica

مقبس كهربائي

faks

فاكس

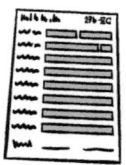

formular

استمارة

dokument

وثيقة

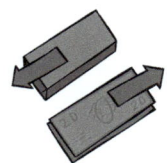

kupovati

يشتري

platiti

يدفع

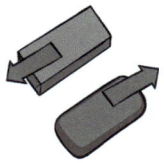

trgovati

يتاجر

novac

مال

dolar

دولار

evro

يورو

jen

ين

rublja

روبل

švajcarski franak

فرنك سويسري

renmindbi juan

يوان

rupija

روبية

automat za novac

صرّاف آلي

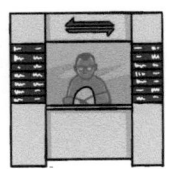

menjačnica

مكتب صرافة

zlato

ذهب

srebro

فضة

nafta

نفط

energija

طاقة

cena

سعر

ugovor

عقد

porez

ضريبة

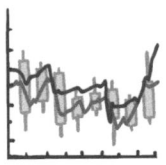

deonica

سهم

raditi

يعمل

službenik

موظف

poslodavac

رب العمل

fabrika

مصنع

prodavnica

متجر

zanimanja

المِهَن

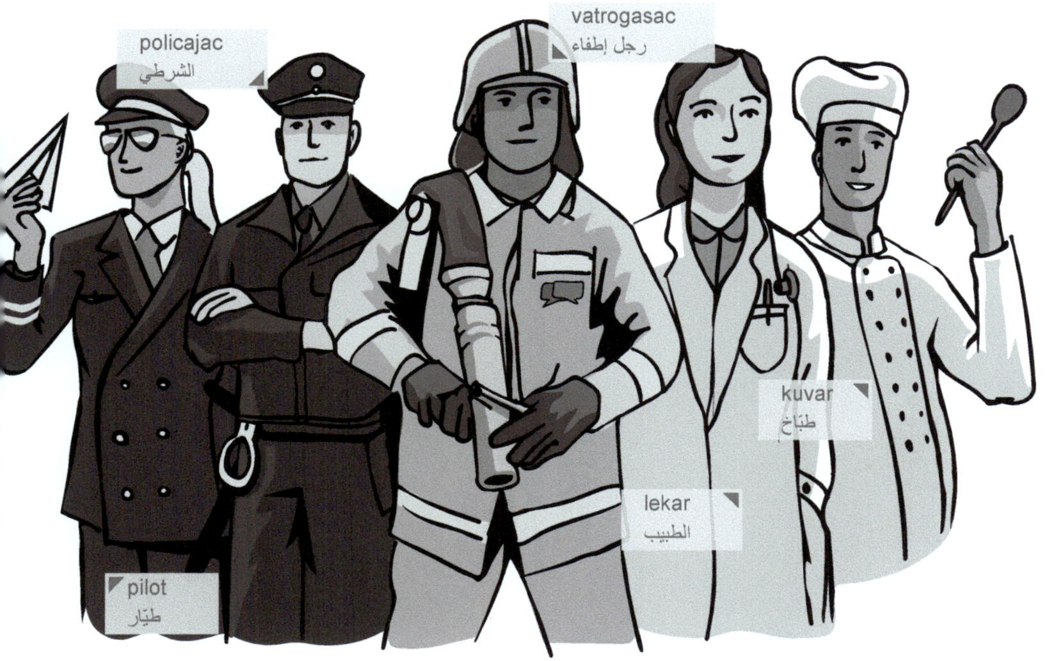
policajac
الشرطي
vatrogasac
رجل إطفاء
kuvar
طبَاخ
lekar
الطبيب
pilot
طيّار

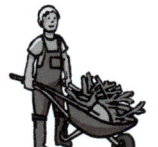

vrtlar

بستاني

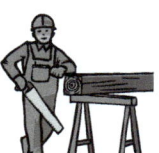

stolar

نجّار

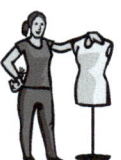

krojačica

خيّاطة

sudija

قاضٍ

hemičar

كيميائي

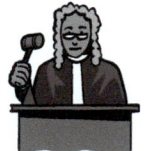

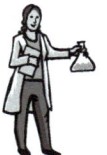

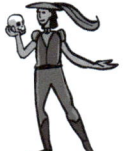

glumac

ممثّل

vozač autobusa

سائق حافلة

vozač taksija

سائق تاكسي

ribar

صياد سمك

čistačica

أجيرة للتنظيف

krovopokrivač

بنّاء سقف

konobar

نادل

lovac

صيّاد

slikar

رسّام

pekar

خبّاز

električar

كهربائي

građevinski radnik

عامل بناء

inženjer

مهندس

mesar

لحّام

limar

سمكري

poštar

ساعي البريد

vojnik

جندي

arhitekta

مهندس معماري

blagajnik

أمين صندوق

cvećar

بائع الزهور

frizer

حلاق

kondukter

مراقب القطار

mehaničar

ميكانيكي

kapetan

قبطان

zubar

طبيب أسنان

naučnik

رجل العلم

rabi

حاخام

imam

إمام

monah

راهب

svećenik

كاهن

alati

عدة عمل

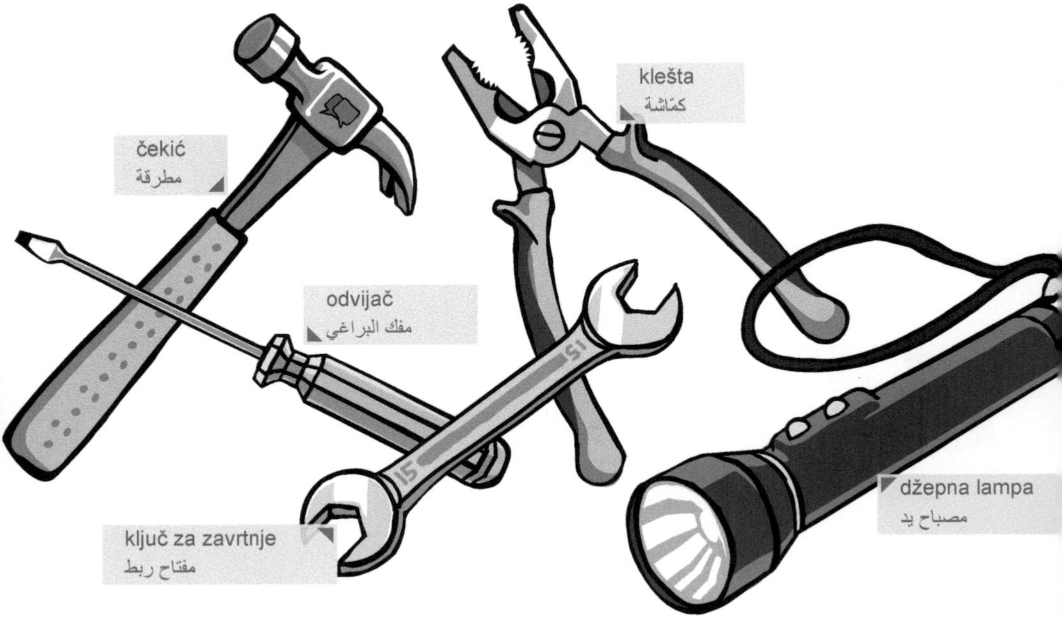

čekić
مطرقة
klešta
كمّاشة
odvijač
مفك البراغي
ključ za zavrtnje
مفتاح ربط
džepna lampa
مصباح يد

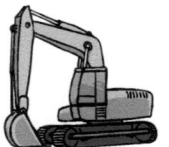

bager

جرافة

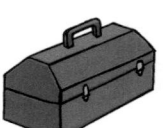

kutija za alat

صندوق العدة

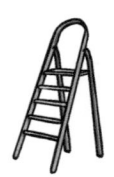

merdevine

سلّم

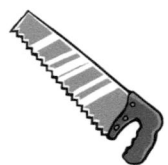

pila

منشار

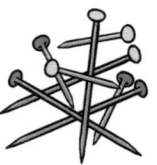

ekser

مسامير

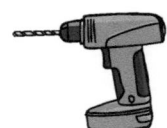

bušilica

مثقب

popraviti

يصلح

lopata

مجرفة

do đavola!

اللعنة

lopatica

لقاطة الكناسة

lonac za boju

سطل الألوان

zavrtanji

براغي

muzički instrument

آلات موسيقية

zvučnik
مكبر الصوت

bubnjevi
آلات الإيقاع

kontrabas
كمان أجهر

truba
بوق

gitara
غيتار

klavir

بيانو

violina

كمنجة

bas

جيتار

timpani

طبل كبير

udaraljke za bubnjeve

طبل

tipke klavira

بيانو كهرباني

saksofon

ساكسوفون

flauta

ناي

mikrofon

ميكروفون

zoološki vrt

حديقة حيوانات

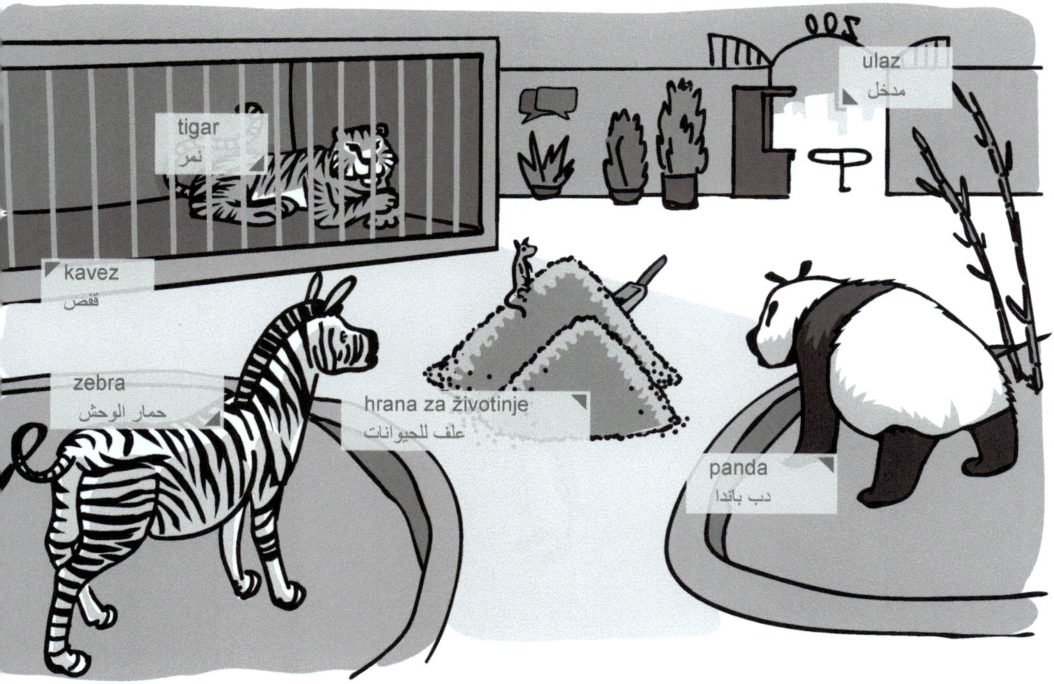
ulaz
مدخل
tigar
نمر
kavez
قفص
zebra
حمار الوحش
hrana za životinje
علف للحيوانات
panda
دب باندا

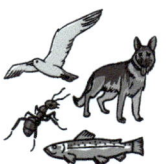

životinje

حيوانات

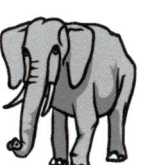

slon

فيل

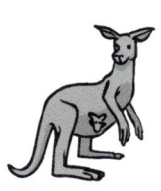

kengur

كنغر

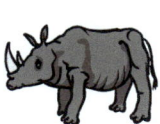

nosorog

وحيد القرن

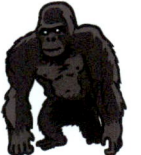

gorila

غوريلا

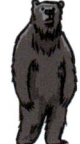

medved

دب

kamila

جمل

noj

نعامة

lav

أسد

majmun

قرد

flamingo

طائر فلامينغو

papagaj

ببغاء

polarni medved

دب قطبي

pingvin

بطريق

ajkula

سمك القرش

paun

طاووس

zmija

أفعى

krokodil

تمساح

čuvar u zoološkom vrtu

حارس في حديقة الحيوان

tuljan

عجل البحر

jaguar

نمر أمريكي مرقط

poni

فرس قزم

leopard

نمر

nilski konj

فرس النهر

žirafa

زرافة

orao

نسر

divlja svinja

خنزير بري

riba

سمك

kornjača

سلحفاة

morž

حيوان فظ البحري

lisica

ثعلب

gazela

غزال

američki nogomet
كرة القدم الأمريكية

biciklizam
ركوب الدراجات

tenis
كرة التنس

košarka
كرة السلة

plivanje
السباحة

boks
الملاكمة

hokej na ledu
هوكي الجليد

fudbal

كرة القدم

badminton

الريشة الطائرة

atletika

ألعاب القوى الخفيفة

rukomet

كرة اليد

skijanje

التزلج على الثلج

polo

بولو

aktivnosti
نشاطات

skočiti
يقفز
zagrliti
يعانق
smejati se
يضحك
ići
يمشي
pevati
يغنّي
sanjati
يحلم
moliti se
يصلّي
poljubiti
يقبل

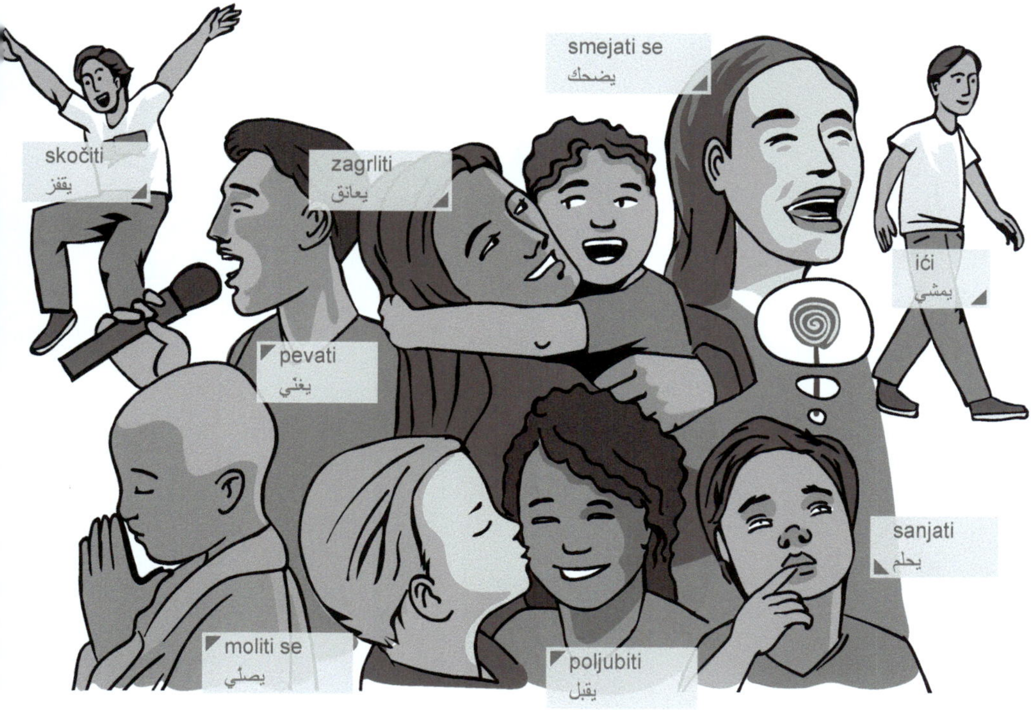

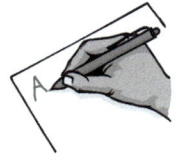

pisati
يكتب

crtati
يرسم

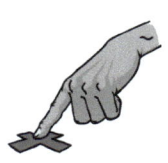

pokazati
يُري

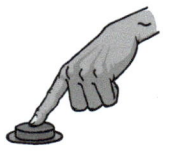

gurati
يدفع

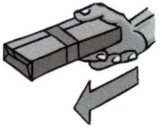

dati
يعطي

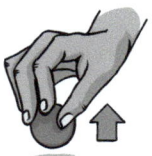

uzeti
يأخذ

imati

يملك

činiti

يعمل

biti

يوجد

stojati

يقف

trčati

يركض

povlačiti

يسحب

baciti

يرمي

padati

يقع

ležati

يستلقي

čekati

ينتظر

nositi

يحمل

sediti

يجلس

oblačiti

يلبس

spavati

ينام

probuditi se

يستيقظ

gledati

ينظر إلى ..

plakati

يبكي

milovati

يمسّد

češljati

يمشّط

govoriti

يتكلم

razumeti

يفهم

pitati

يسأل

slušati

يسمع

piti

يشْرب

jesti

يأكل

pospremiti

يرتّب

voleti

يحب

kuhati

يطبخ

voziti

يقود

leteti

يطير

ploviti

يبحر بزورق شراعي

računati

يحسب

čitati

يقرأ

učiti

يتعلم

raditi

يعمل

venčati se

يتزوج

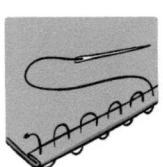

šiti

يخيط

prati zube

ينظف أسنانه

ubiti

يقتّل

pušiti

يدخّن

poslati

يرسل

baka
جدّة

deda
جدّ

otac
أب

majka
أم

beba
الطفل

kćerka
اينة

sin
ابن

gost

ضيف

tetka

عمّة / خالة

ujak, stric

عمّ / خال

brat

أخ

sestra

أخت

telo

الجسم

čelo
الجبين
oko
العين
rame
الكتف
prst
الإصبع
lice
الوجه
brada
الذقن
ruka
اليد
noga
الساق
grudi
الصدر
ruka
الذراع

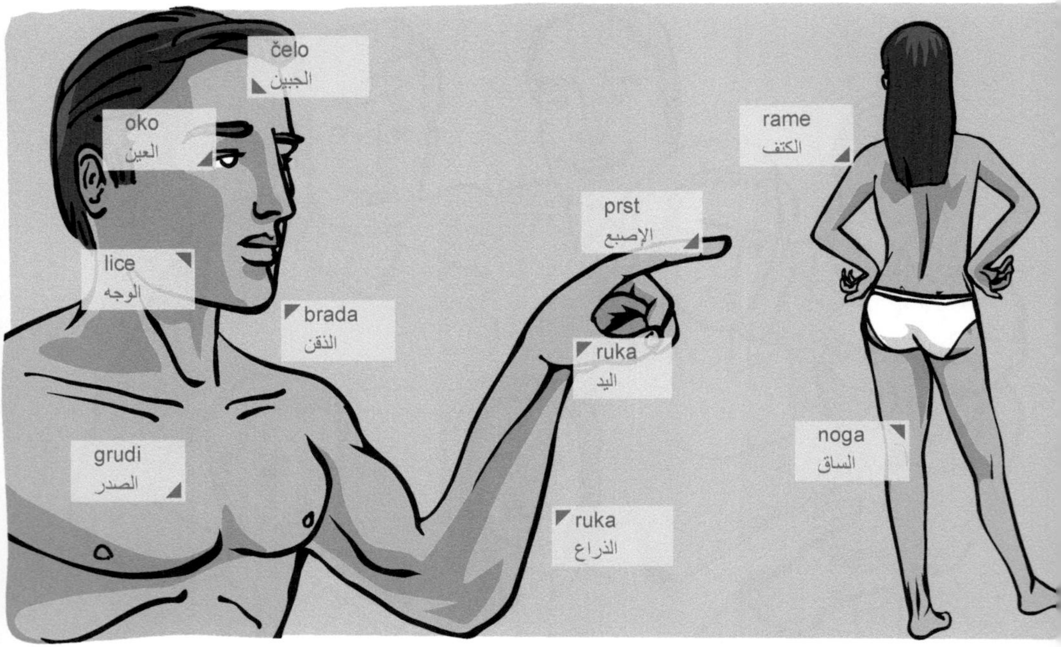

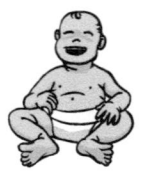

beba

الطفل

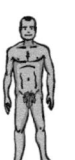

muškarac

الرجل

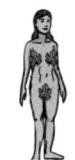

žena

المرأة

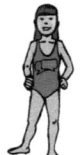

devojčica

البنت

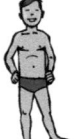

dečak

الولد

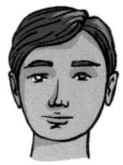

glava

الرأس

leđa

الظهر

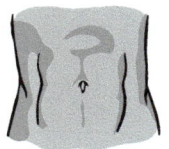

stomak

البطن

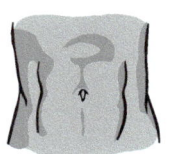

pupak

السرّة

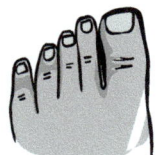

nožni prst

إصبع القدم

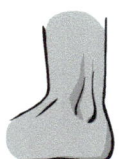

peta

الكعب

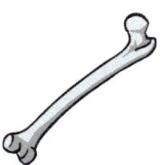

kost

العظم

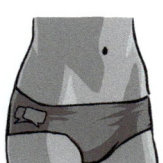

kukovi

الورك

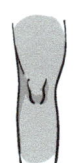

koleno

الركبة

lakat

المرفق

nos

الأنف

zadnjica

العَجُز

koža

البَشرة

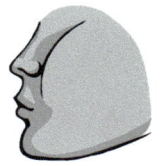

obraz

الخد

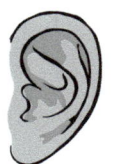

uvo

الأذن

usna

الشفة

usta

الفم

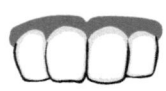

zub

السن

jezik

اللسان

mozak

الدماغ

srce

القلب

mišić

العضلة

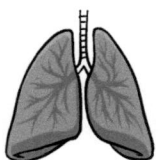

pluća

الرئة

jetra

الكبد

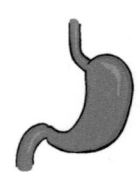

želudac

المعدة

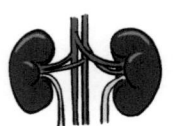

bubrezi

الكلى

polni odnos

الاتصال الجنسي

kondom

الواقي المطاطي

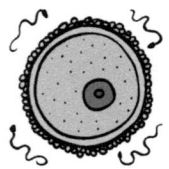

jajna ćelija

البويضة

sperma

المنيّ

trudnoća

الحمل

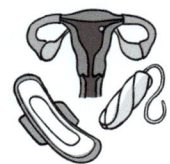

menstruacija

الحيض

vagina

المهبل

penis

القضيب

obrva

الحاجب

kosa

الشعر

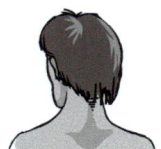

vrat

الرقبة

bolnica
المستشفى

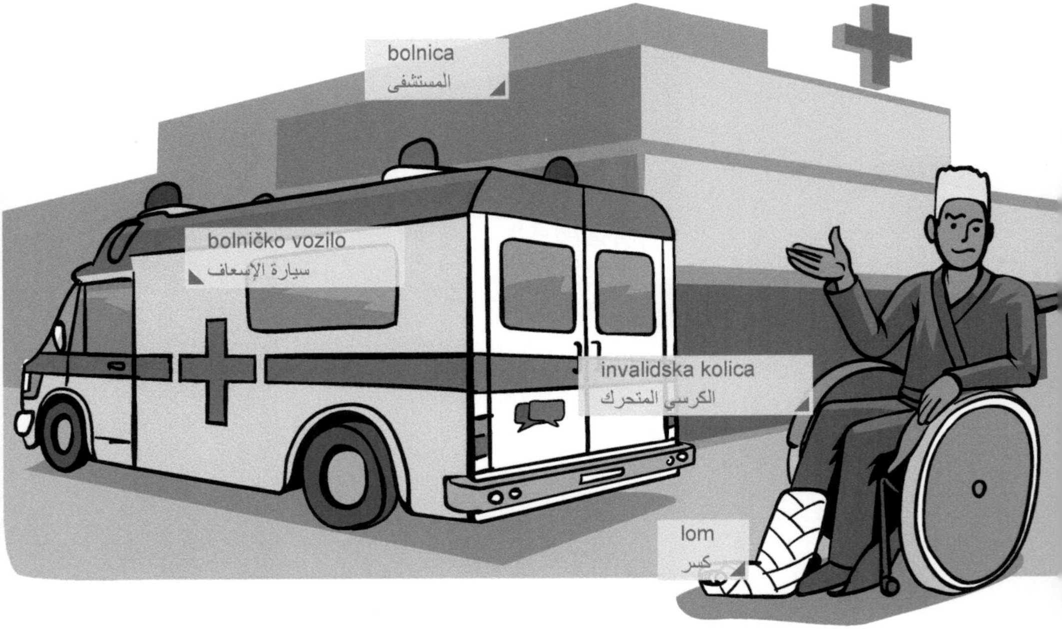

bolnica
المستشفى
bolničko vozilo
سيارة الإسعاف
invalidska kolica
الكرسي المتحرك
lom
كسر

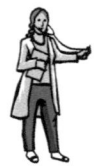

lekar
الطبيب

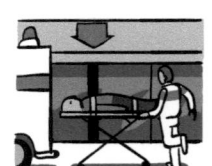

hitna medicinska služba
غرفة الإسعاف

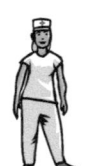

medicinska sestra
الممرضة

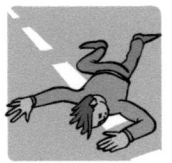

hitni slučaj
حالة

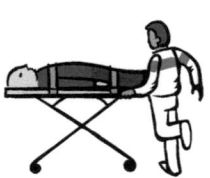

nesvest
مغمى عليه

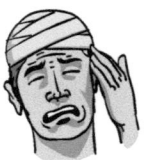

bol
الألم

povreda

إصابة

krvarenje

النزيف

srčani udar

احتشاء القلب

udar

جلطة

alergija

حسسية

kašalj

السعال

groznica

الحُمَّى

gripa

إنفلونزا

proliv

الإسهال

glavobolja

وجع الرأس

rak

السرطان

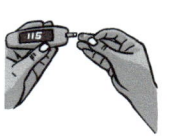

dijabetes

مرض السكر

hirurg

جرّاح

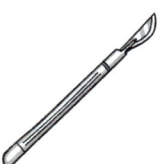

skalpel

مبضع

operacija

عملية

ct

سيتي سكان

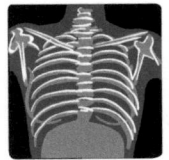

rentgen

الأشعة السينية

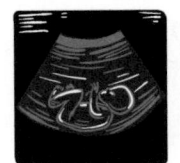

ultrazvuk

فوق الصوتي

maska

القناع

bolest

المرض

čekaona

غرفة الانتظار

štaka

العُكاز

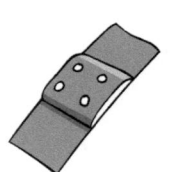

flaster

شريط لاصق

zavoj

ضماد

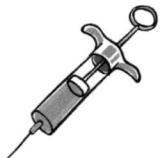

injekcija

حقنة

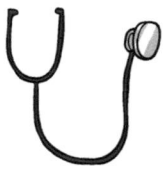

stetoskop

سمّاعة الطبيب

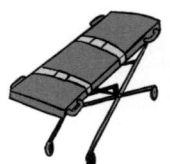

nosila

نقالة

termometar

ميزان حرارة

rođenje

ولادة

prekomerna težina

وزن زائد

slušni aparat

جهاز السمع

sredstvo za dezinfekciju

المواد المعقمة

infekcija

عدوى

virus

فيروس

HIV / AIDS

الإيدز

medicina

الطب

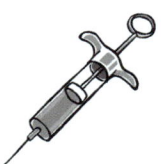

vakcinacija

اللقاح

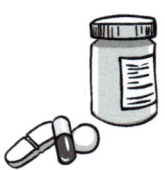

tablete

أقراص الدواء

pilula

حبّة الدواء

hitni poziv

نداء النجدة

uređaj za merenje pritiska

مقياس ضغط الدم

bolesno / zdravo

مريض / صحيح

pomoć!

النجدة!

alarm

إنذار

nasrtaj

اعتداء

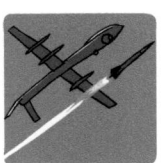

napad

هجوم

opasnost

خطر

izlaz u slučaju nužde

مخرج طوارئ

požar!

حريق!

protivpožarni aparat

جهاز الإطفاء

nezgoda

حادث

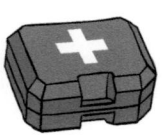

kutija prve pomoći

حقيبة الإسعاف الأولي

sos

أنقذونا

policija

الشرطة

Evropa

أوروبا

Severna Amerika

أمريكا الشمالية

Južna Amerika

أمريكا الجنوبية

Afrika

أفريقيا

Azija

آسيا

Australija

أستراليا

Atlantik

المحيط الأطلسي

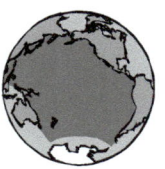

Pacifik

المحيط الهادي

Indijski okean

المحيط الهندي

Antarktički okean

المحيط المتجمد الجنوبي

Arktički ocean

المحيط المتجمد الشمالي

Severni pol

القطب الشمالي

Južni pol

القطب الجنوبي

Antarktik

منطقة القطب الجنوبي

zemlja

أرض

zemlja

بر

more

بحر

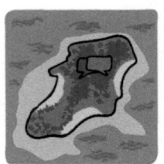

otok

جزيرة

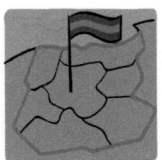

nacija

أمة

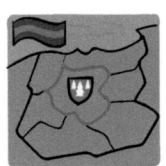

država

دولة

brojčanik sata

ميناء الساعة

satna kazaljka

عقرب الساعات

minutna kazaljka

عقرب الدقائق

sekundna kazaljka

عقرب الثواني

Koliko je sati?

كم الساعة الآن؟

dan

يوم

vreme

زمن

sada

الآن

digitalni sat

ساعة رقمية

minuta

دقيقة

čas

ساعة

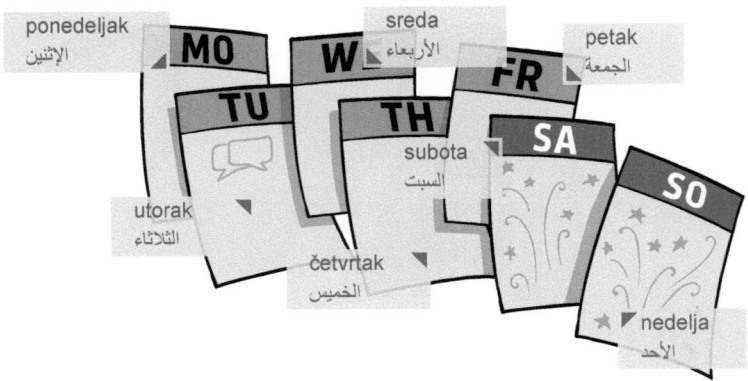

ponedeljak
الإثنين

sreda
الأربعاء

petak
الجمعة

utorak
الثلاثاء

subota
السبت

četvrtak
الخميس

nedelja
الأحد

juče

الأمس

danas

اليوم

sutra

غداً

jutro

الصباح

podne

الظهر

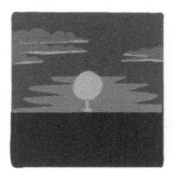

veče

المساء

MO	TU	WE	TH	FR	SA	SU
1	2	3	4	5	6	7
8	9	10	11	12	13	14
15	16	17	18	19	20	21
22	23	24	25	26	27	28
29	30	31	1	2	3	4

radni dani

أيام العمل

MO	TU	WE	TH	FR	SA	SU
1	2	3	4	5	6	7
8	9	10	11	12	13	14
15	16	17	18	19	20	21
22	23	24	25	26	27	28
29	30	31	1	2	3	4

vikend

نهاية الأسبوع

godina

سنة

kiša
مطر
duga
قوس قزح
sneg
ثلج
vetar
ريح
proleće
الربيع
jesen
الخريف
leto
الصيف
zima
الشتاء

4.APRIL 11°
5.APRIL 4°
6.APRIL 13°
7.APRIL 8°
8.APRIL 10°

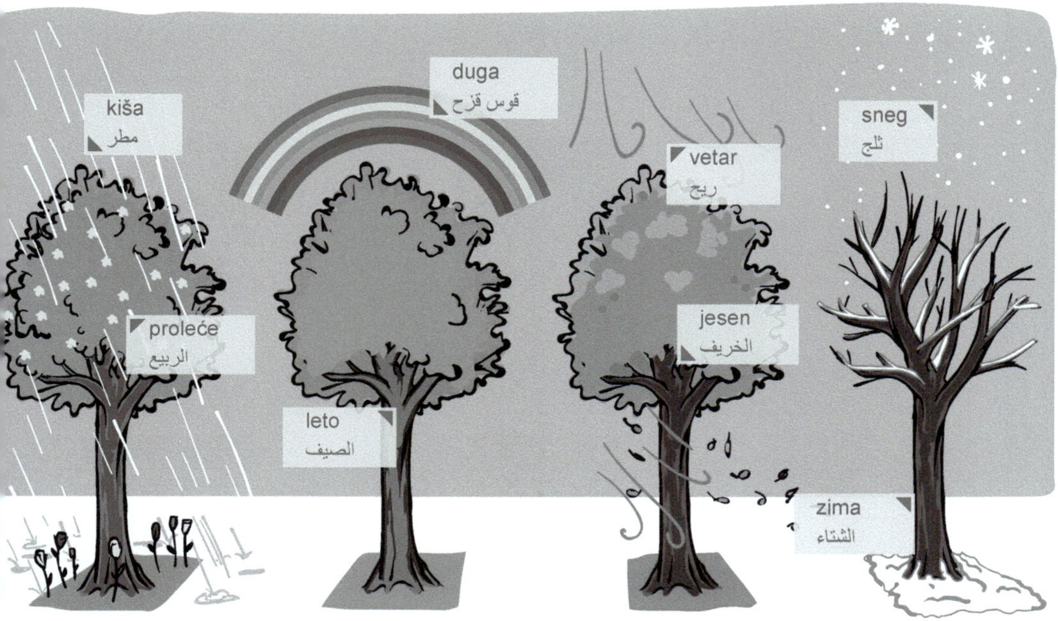

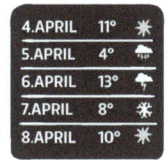

meteorološka prognoza
....
التنبّؤ بالحالة الجوية

F
C
120
90
60
30
0
-30
40
30
20
10
0
-10
-20

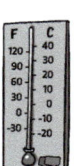

termometar
....
مقياس حرارة

sunčana svetlost
....
ضوء الشمس

oblak
....
سحابة

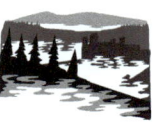

magla
....
ضباب

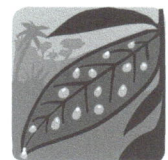

vlažnost vazduha
....
رطوبة الجو

munja

برق

grmljavina

رعد

oluja

عاصفة

tuča

بَرَد

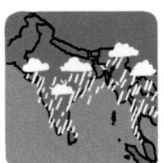

monsun

ريح موسمية

poplava

طوفان

led

جليد

januar

كانون الثاني / يناير

februar

شباط / فبراير

mart

آذار / مارس

april

نيسان / أبريل

maj

أيار / مايو

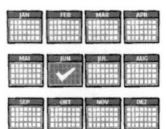

juni

حزيران / يونيو

juli

تموز / يوليو

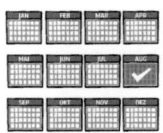

avgust

آب / أغسطس

septembar

أيلول / سبتمبر

oktobar

تشرين الأول / أكتوبر

novembar

تشرين الثاني / نوفمبر

decembar

كانون الأول / ديسمبر

oblici

أشكال

krug

دائرة

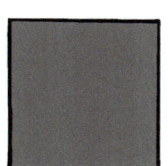

kvadrat

مربّع

pravougao

مستطيل

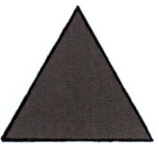

trougao

مثلّث

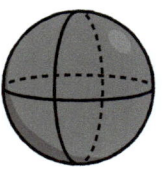

kugla

كرة

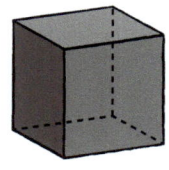

kocka

مكعب

bela

أبيض

žuta

أصفر

narandžasta

برتقالي

ružičasta

وردي

crvena

أحمر

ljubičasta

بنفسجي

plava

ازرق

zelena

أخضر

smeđa

بني

siva

رمادي

crna

أسود

mnogo / malo

كثير / قليل

ljutito / mirno

غضبان / هادئ

lepo / ružno

جميل / قبيح

početak / kraj

بداية / نهاية

veliko / maleno

كبير / صغير

svetlo / tamno

فاتح / قاتم

brat / sestra

أخ / أخت

čisto / prljavo

نظيف / وسخ

potpuno / nepotpuno

كامل / ناقص

dan / noć

نهار / ليل

mrtvo / živo

ميت / حيّ

široko / usko

عريض / ضيّق

jestivo / nejestivo

صالح للأكل / غير صالح

zlo / dobro

شرّير / لطيف

uzbuđeno / dosadno

مثير / ممل

debelo / mršavo

سمين / نحيف

na početku / na kraju

أولاً / أخيراً

prijatelj / neprijatelj

صديق / عدو

puno / prazno

مليء / فارغ

tvrdo / mekano

صلب / ليّن

teško / lagano

ثقيل / خفيف

glad / žeđ

جوع / عطش

bolesno / zdravo

مريض / صحيح

ilegalno / legalno

غير شرعي / شرعي

pametno / glupo

ذكي / غبي

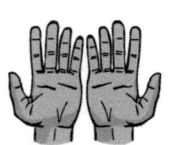

levo / desno

يسار / يمين

blizu / daleko

قريب / بعيد

novo / polovno

جديد / مستعمل

ništa / nešto

لا شيء / بعض الشيء

staro / mlado

مسين / شاب

uključeno / isključeno

يشعل / يطفئ

otvoreno / zatvoreno

مفتوح / مغلق

tiho / glasno

خافت / عالٍ

bogato / siromašno

غني / فقير

tačno / pogrešno

صح / خطأ

hrapavo / glatko

أحرش / املس

tužno / sretno

حزين / سعيد

kratko / dugo

قصير / طويل

polako / brzo

بطيء / سريع

mokro / suho

مبلول / جاف

toplo / hladno

ساخن / بارد

rat / mir

حرب / سلم

0	**1**	**2**
nula	jedan	dva
صفر	واحد	اثنان

3	**4**	**5**
tri	četiri	pet
ثلاثة	أربعة	خمسة

6	**7**	**8**
šest	sedam	osam
ستة	سبعة	ثمانية

9	**10**	**11**
devet	deset	jedanaest
تسعة	عشرة	أحد عشر

12

dvanaest

اثنا عشر

13

trinaest

ثلاثة عشر

14

četrnaest

أربعة عشر

15

petnaest

خمسة عشر

16

šestnaest

ستة عشر

17

sedamnaest

سبعة عشر

18

osamnaest

ثمانية عشر

19

devetnaest

تسعة عشر

20

dvadeset

عشرون

100

stotinu

مائة

1.000

hiljadu

ألف

1.000.000

milion

مليون

engleski

الإنكليزية

američki engleski

الإنكليزية الأمريكية

mandarinski kineski

لغة ماندارين الصينية

hindski

الهندية

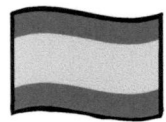

španski

الإسبانية

francuski

الفرنسية

arapski

العربية

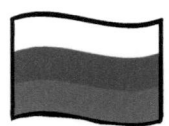

ruski

الروسية

portugalski

البرتغالية

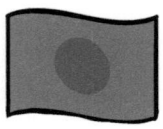

bengalski

البنغالية

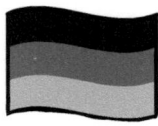

nemački

الألمانية

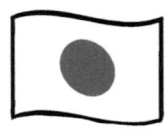

japanski

اليابانية

ja

أنا

ti

أنت

on / ona / ono

هو / هي

mi

نحن

vi

أنتم

oni

هم

Ko?

من؟

Šta?

ماذا؟

Kako?

كيف؟

Gde?

أين؟

Kada?

متى؟

ime

اسم

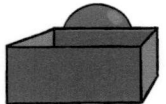

iza

خلف

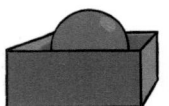

u

في

ispred

أمام

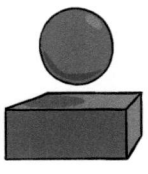

preko

فوق

na

على

ispod

تحت

pored

جنب

između

بين

mesto

مكان